novum pro

MARK WALTER S.

Freispiel

FÜR EIN NEUES LEBEN

novum pro

Bibliografische Information
der Deutschen Nationalbibliothek:

Die Deutsche Nationalbibliothek
verzeichnet diese Publikation in
der Deutschen Nationalbibliografie.
Detaillierte bibliografische Daten
sind im Internet über
http://www.d-nb.de abrufbar.

Gedruckt in der Europäischen Union
auf umweltfreundlichem, chlor- und
säurefrei gebleichtem Papier.

Rathausgasse 73, A-7311 Neckenmarkt
office@novumverlag.com

ISBN 978-3-7116-0447-7
Lektorat: Laura Oberdorfer
Umschlagfoto: Mark Walter S.
Umschlaggestaltung, Layout & Satz:
novum Verlag
Innenabbildungen:
Pixabay, Mark Walter S.

Die vom Autor zur Verfügung gestellten
Abbildungen wurden in der bestmög-
lichen Qualität gedruckt.

www.novumverlag.com

Druckprodukt mit finanziellem
Klimabeitrag
ClimatePartner.com/16547-2311-1001

Vorwort

Bevor Sie mit dem Lesen meiner folgenden Zeilen beginnen, möchte ich Sie darum bitten, sich Zeit zu nehmen und sich zurückzulehnen!

Vieles in der heute schnelllebigen Welt geschieht zwischen Tür und Angel. Dadurch sind die Menschen oberflächlicher geworden und das Zwischenmenschliche leidet darunter.

Wenn Sie bereit sind, nehme ich Sie mit auf eine kleine Reise in eine andere Gedankenwelt.

Tatsächlich ist es für ein Buch eine sehr kurze Version, aber wenn Sie wollen, täglich brauchbar.

Dies war auch mein Bestreben, allen Menschen etwas an die Hand zu geben, das wir im täglichen Leben umsetzen können.

Steigen Sie ein in ein einfaches, tiefgründiges Spiel mit nur zwei Fragen!

Viel Spaß dabei!

… und los geht's …

Alle Menschen, die die Möglichkeit haben zu denken, sprich ein funktionierendes Gehirn besitzen, sind eingeladen, sich die erste gleich folgende Frage zu stellen.

Tatsächlich meine ich auch wirklich alle Menschen, egal wo Sie heute und jetzt gerade stehen oder wer Sie sind.

!!!Also auch Sie!!!

Arbeiter, Arbeitssuchende, Angestellte, Selbstständige, Künstler, Freiberufler, Kranke, Menschen mit Behinderung, Verunglückte, Arme, Reiche und die dazwischen, Enttäuschte, Verlassene, Verliebte, Süchtige, Unzufriedene, Überglückliche, Junge, Ältere, Rentner, Kinder, Schüler, Studierende, Trauernde, Gestresste, Verletzte, Mächtige, Gefangene, Gläubige, Sportler, Nichtsportler, Extreme, Intelligente, Mutige, Mutlose, Übergewichtige, Einsame, Nichtgläubige, Singles, Verheiratete, Geschiedene, Große, Kleine und die dazwischen.

ALLE!!!

Ja, alle, die nach etwas suchen, das unserem größten Geschenk – dem Leben auf Erden – einen „Sinn“ verleiht.

Und falls Sie sich jetzt immer noch nicht persönlich angesprochen fühlen, sollten Sie sich trotzdem für die folgende Frage Zeit nehmen!

TIPP:
Lassen Sie die Frage tief in sich eindringen und schlafen Sie am besten vor dem Weiterlesen eine Nacht darüber!

Zur ersten Frage und rein ins Spiel …

Wissen Sie,
wann Ihr Herz ❤️
für immer aufhören wird
zu schlagen???

Auch wenn diese Frage die unterschiedlichsten Emotionen in uns auslöst, so bleibt die Antwort doch immer die gleiche:

NEIN

Wir wissen es nicht.

Es kann also noch sehr lange schlagen – Jahre und Jahrzehnte. Aber, und das ist das Verrückte, es kann auch schnell aufhören. Nächste Woche, morgen oder auch im nächsten Moment schon!

Selbst der beste Arzt der Welt kann uns nicht sagen, wann genau der Zeitpunkt sein wird.

An dieser Stelle teilen wir Menschen alle das gleiche Schicksal. Unser Geschenk vom Leben hängt am Herzschlag und ist nicht endlos!

Damit sind wir alle da draußen „im Spiel“, egal wo Sie gerade stehen und ob Sie wollen oder nicht.

„Hand aufs Herz“, wie oft im täglichen Leben denken wir daran, dass morgen alles vorbei sein kann, und zwar nicht unbedingt nur für uns, sondern auch für Menschen, die wir mögen.

Jeder von uns kennt die Geschichten aus dem Umfeld von Mitmenschen, die ihr Leben lang gesund gelebt haben und deren Herz von heute auf morgen aufgehört hat zu schlagen.

Gesundheit ist keine Garantie für ein langes Leben. Vielmehr ist unser Dasein viel nüchterner.

Dein Herz schlägt und du lebst!
Und es hört auf und du bist weg!

Ähnlich wie bei einer Maschine und deren Motor, nur mit dem Unterschied, dass man diesen nach dem Ausschalten wieder einschalten kann!

Grundsätzlich tun wir alle gut daran, unsere eigenen Gedanken zu dieser Frage in ein positives Licht zu stellen.

Mein Herz schlägt – ich habe Zeit!

Kommen wir zurück zum Spiel!

Alle, die ein schlagendes Herz besitzen, sind also im Spielfeld. Jeder von ihnen in einer bestimmten Gruppierung und Ausgangssituation.

!Ihr „HEUTE" – Ihr „START"!

Anders aber als man vermuten könnte ist ihre Ausgangssituation nicht das Wichtigste.

Unabhängig davon, dass wir sie in diesem Moment eh nicht verändern können. Egal, was Sie an Ihren heutigen Standpunkt geführt hat, ob Schicksal, Pech, Fleiß oder Glück, es gehört der Vergangenheit an.

Es macht auch keinen Sinn, darüber nachzudenken, ob Sie durch Ihren heutigen Ausgangspunkt Vor- oder Nachteile anderen Mitspielern gegenüber haben, denn es verändert Ihren persönlichen Standpunkt nicht.

Wir können uns noch so sehr vorstellen, was die Gedanken im täglichen Leben von Schwerkranken oder Menschen mit Behinderung, von einzelnen Schicksalen oder der Superreichen sind. Am Ende sind es nur vage Vorstellungen und nicht deren eigene tägliche Gefühle und Abläufe. Diese kennt jeder nur von sich selbst.

An dieser Stelle deshalb der Aufruf an die Spielteilnehmer, die sich benachteiligt fühlen aufgrund ihrer jetzigen Ausgangsposition. Es ist, wie es ist, aber es muss ja nicht so bleiben.

Fast jede Veränderung im Leben beginnt mit unseren Gedanken – positiv wie negativ.

Seien Sie also behutsam mit dem, was Sie Ihrem Unterbewusstsein Tag für Tag versenden, denn es kommt zurück. Manches sogar schneller als wir glauben.

Was den Umgang mit unseren Mitspielern betrifft, sollten wir Respekt zeigen und diese auch nie nur nach ihrem Äußeren beurteilen. Dabei kann man schnell daneben liegen, vor allem in puncto Charakter.

Um uns ein genaueres Bild von unserem Gegenüber zu machen, benötigen wir Zeit, ihn kennenzulernen.

Außerdem sollten wir beachten, dass alles immer eine Momentaufnahme im Leben ist.

Jetzt,
hier und heute.

Der Krebskranke hat vor einem Monat noch gesagt, er sei topfit.

Der Querschnittsgelähmte wollte nur Brötchen holen gehen.

Die Heroinsüchtige hatte Lust, mal was auszuprobieren.

Der Hochverschuldete dachte nicht, dass er seinen Job verliert und sein Haus versteigert wird.

Der immer reicher gewordene Millionär wusste nicht, dass er dadurch kaum noch wahre Freunde hat.

Die psychisch Kranke war noch gestern ein lustiger Mensch.

Aber auch die andere Seite ist möglich:

Die Leukämiekranke wurde vollständig geheilt.

Der vorher arme Nachbar hat im Lotto Millionen gewonnen.

Der ein Jahr lang Arbeitssuchende findet sein Glück in der Selbstständigkeit.

Die Verunglückte kann ohne Beine mit Hilfsmitteln wieder gehen.

ALLES MOMENTAUFNAHMEN!!!

Solange unser Herz schlägt, sind wir im Spielfeld – jeder an seinem Ausgangspunkt!

Kommen wir noch einmal zurück zur ersten Frage:

Niemand, egal, wo er gerade steht, weiß, wie lange er noch bleiben darf. Auch nicht wie lange er seine Mitmenschen um sich herum noch sieht.

Alles hängt an unserem unglaublich starken, wundervollen Organ – unserem Herz!

Machen Sie sich bewusst, dass unser Herzschlag und unser Leben nicht selbstverständlich sind!

Wir bekommen dadurch ein anderes Lebensgefühl.

Unabhängig davon, ob Sie gläubig sind oder nicht.

Sie leben intensiver und lernen jeden Tag mit seinen Höhen und Tiefen zu lieben.

Sie nehmen jede noch so erscheinende Kleinigkeit mehr wahr.

Wenn Sie Ihrem Herzen Gutes tun wollen, dann lernen Sie, **ZUFRIEDEN und DANKBAR** zu sein mit dem, was das Leben Ihnen gibt!!!

Es gibt keine bessere Medizin für unser Herz als tiefe, innere Zufriedenheit!

Wenn wir für ein uns gestecktes Ziel alles gegeben haben und es nicht gereicht hat, dann sollte es wohl nicht sein. Trauern Sie dem nicht hinterher. Nehmen Sie sich neue Dinge vor. Unser Leben besteht aus Enttäuschungen und Schicksalsschlägen. Aber auch aus Glücksgefühlen und unendlich vielen schönen Momenten. Die Aufgabe besteht darin, mit beiden Seiten umzugehen.

Wenn wir doch wissen, dass es schneller vorbei sein kann, als wir denken, dann sollten wir noch heute damit beginnen, ein Lachen in die Herzen anderer zu zaubern.

Akzeptieren Sie, dass nicht alles immer „glatt" läuft, und seien Sie, um Gottes Willen, nicht zu nachtragend, denn das schadet nur Ihrem eigenen Herzschlag.

Wenn Sie unzufrieden sind, versuchen Sie Ihre Situation zu verbessern, aber nicht zu erzwingen.

Verlieren Sie nie einen gesunden Humor dabei. Nehmen Sie das, was Sie tun und auch sich selbst nicht allzu wichtig.

Ihr Herz wird es Ihnen danken!

Vieles im Leben läuft an uns vorbei, weil wir es nicht wahrnehmen, da wir uns in unserem viel zu schnellen, täglichen Trott bewegen.

Dabei kann ein simples Lächeln, ein Kompliment oder auch nur ein liebevoller Blick die Herzen von anderen so einfach berühren.

VERGESSEN SIE DAS NIE!!!

Ohne es Ihnen anzukündigen, habe ich jetzt mit den letzten Sätzen und Zeilen ein paar Spielregeln weitergegeben.

Anders aber wie in den Spielen, die Sie bisher kennen, haben Sie in unserem Spiel keine festen Vorgaben. Sie spielen Ihr eigenes Spiel! Nur einzig allein das Spielfeld ist für alle das gleiche – unser wunderschöner Planet „DIE ERDE“!

Wir nähern uns nun der zweiten Frage, die ich Ihnen stellen möchte.

Auch dieses Mal bitte ich Sie darum, bevor Sie weiterlesen, wenn möglich eine Nacht darüber zu schlafen.

Gerne können Sie die Frage auch mehrmals lesen!

Die zweite Frage:

Was wäre, wenn Ihnen in Ihrer letzten Stunde gesagt wird:

„Ihr bisheriges Leben war nur ein Spiel?!?"

Anders als bei der ersten Frage gibt es dieses Mal keine klare einfache Antwort.

Wir brauchen etwas Vorstellungskraft.

Vielleicht geben Sie mir trotzdem die Chance, Ihnen meine Gedanken dazu näherzubringen, sodass diese Frage durchaus Sinn machen könnte.

Gläubige Menschen haben es an dieser Stelle vielleicht etwas leichter, da sie an ein Leben nach dem Tod in einer anderen Form glauben.

Für Nichtgläubige gibt es nur ein Leben und nach dem letzten Herzschlag ist Schluss.

Tatsächlich vermag es niemand genau zu wissen, ob und wie es weitergeht nach unserem Ableben.

Kommen wir aber auch hier zur Frage zurück und lassen sie zumindest einmal für kurze Zeit Realität sein.

Bestimmt haben die meisten von uns schon einmal in lustiger Runde das ein oder andere Spiel gespielt. Spiele machen im Normalfall Spaß. Der Hauptgrund dafür ist, dass man keine Angst davor hat, etwas zu verlieren.

Alle, die „mitspielen" und „Spaß haben" sind Gewinner.

Lassen Sie uns dieses Gefühl zusammen auch einmal auf unser Leben beziehen.

Unser Leben – ein Spiel!!!

Sofort entstehen viele Gedanken in uns, wie …

Was hätten wir dadurch nicht alles leichter angepackt!

Wie oft wären wir mit Niederlagen oder Fehlern sorgloser umgegangen.

Die vielen Aufreger, oft über Kleinigkeiten, hätten gar kein Gewicht gehabt und uns nicht aus der Ruhe gebracht.

Viel öfter wären wir mutiger gewesen.

Wir hätten uns mehr für unsere Mitmenschen interessiert und es wäre uns leichter gefallen, sich mehr Zeit für sie zu nehmen.

Schlussendlich wäre uns alles, was wir angepackt haben, einfacher von der Hand gegangen.

Die Angst davor Fehler zu begehen begleitet uns das ganze Leben und stellt uns immer wieder vor die Wahl mutig oder feige zu sein. Eines der schlimmsten Gefühle ist die Angst vor dem Tod.

Doch vor dem Tod steht das Leben!
Auch Ihres!

Versuchen Sie immer wieder, solange bis es Spaß macht, das Leben spielerisch zu lösen und es als ein solches zu sehen. Es lässt uns weniger Ängste haben, mutiger und offener sein und wir sitzen lockerer im Sattel des Lebens.

Starten Sie doch gleich jetzt damit und hören Sie nicht vor einer Woche damit auf.

Sie werden überrascht sein, wohin uns das Leben mit spielerischen Gedanken trägt.

Wenn Ihnen das Wort „Spiel“, das ich des Öfteren benutze, nicht als optimal erscheint, können Sie es auch als „Qualifikation“ bezeichnen!

Jeder hat die Chance, sich zu qualifizieren, egal, von wo aus er startet und welche Hindernisse ihm begegnen.

Der Gläubige qualifiziert sich für das Leben nach dem Tod, um seine Liebsten, die schon gegangen sind, wiederzusehen.

Der Nichtgläubige qualifiziert sich für seine Mitmenschen und seine Nachkommen auf der Erde.

Sich auszuzeichnen ist auf unserem gemeinsamen Spielfeld – der Erde – in den letzten Jahren immer schwieriger geworden.

Fehlender Respekt und Egoismus sind leider weit verbreitet. Doch genau deshalb macht es unsere Aufgabe im Spiel **„Werte zu vermitteln“** noch wichtiger.

Es macht uns selbst zu besseren Menschen, aber vor allem tun wir etwas für andere und das gibt die meisten Punkte in der Qualifikation.

Darüber hinaus gibt es uns rückblickend das Gefühl, etwas Bleibendes hinterlassen zu haben.

Und ist es nicht das, was zählt?!?

Wir kommen und gehen.

Doch was lassen wir hier außer den materiellen Dingen?!?

Gutes tun, Freude verbreiten und anderen Menschen weiterhelfen werden Sie bei Ihrem Blick in den Rückspiegel des Lebens glücklicher machen als vieles materielle, das Sie vererben oder verschenken. Dieses wird für andere nie den selben Stellenwert haben, wie für sie selbst.

Unsere kleine gemeinsame Reise und somit auch unser Spiel neigen sich hiermit schon dem Ende zu.

Und es bleibt die Frage offen:

**Wer sind in diesem Spiel,
in dieser Qualifizierung,
eigentlich die Gewinner?**

Nun, ich werde es Ihnen sagen!

Und wenn Sie nicht schon dazu gehören, dann vielleicht schon bald!

Es sind die Menschen, die:

- **jeden Tag so intensiv wie möglich leben und lieben.**
- **so oft, wie es nur geht, ein Lächeln in die Gesichter und Herzen anderer zaubern.**
- **niemals aufgeben an das Gute zu glauben auf unserem Spielfeld – unserer Erde.**
- **das Leben sehen, als wäre es ein Spiel, auch wenn es manchmal noch so schwer sein mag.**

… in Summe sind es die, …

… die auf beide Fragen bewusst und oft auch unbewusst am besten reagieren!!!

Stellen Sie sich, wann immer Sie wollen, diese beiden Fragen:

1. Wann hört eigentlich mein Herz auf zu schlagen?

Nutzen Sie jetzt die Zeit!

2. Was wäre, wenn das Leben nur ein Spiel wäre?

Durch diese Frage können wir uns jederzeit ein Stück Unbeschwertheit zukommen lassen.

Hand aufs Herz.

Wann war Ihre zuletzt so richtig unbeschwerte Zeit?!

Vielleicht gestern oder vor einer Woche?

Vielleicht vor einigen Monaten oder Jahren?

Oder vor ganz langer Zeit in Ihrer Kindheit?

Die meisten von uns hatten sie als Kinder. Als wir noch nicht zu viel an gestern und morgen mit all den Aufgaben, die auf uns zukommen, dachten. Als wir noch unbeschwert im „Jetzt", „Hier" und „Heute" lebten. Die Stunden und Tage, die wir unbeschwert mit unseren Freunden und Lieben verbringen, sind die glücklichsten in unserem Leben. Losgelöst von der Zeit und den Problemen, die fast jeder hat.

Ab heute haben Sie ein Freispiel, sich diese Momente, wann immer Sie wollen, zurückzuholen.

Viele uns anfangs wie riesige, unüberwindbare Berge erscheinende Probleme erweisen sich im Nachhinein als gar nicht so groß. Manche lösen sich mit der Zeit sogar von selbst. Auf jeden Fall lohnt es sich, die Dinge, die es zu meistern gilt, nicht zu verbissen und eher mit spielerischer Gelassenheit anzugehen. Denken Sie immer wieder daran!

Ich wünsche Ihnen bei Ihrem
„Spiel des Lebens“
alles Glück auf Erden!

Geben Sie Ihr Bestes – für sich und alle anderen Mitspieler!

Nachwort

Mein großer Dank gehört all denen, die dazu beigetragen haben, in welcher Form auch immer, dass dieses Buch entstanden ist.

Ich danke meinen Eltern und meiner Familie, dass ich heute hier sein darf und diese Zeilen schreiben durfte.

Lieber Gott: Ich danke dir für das mir geschenkte Leben und die Gedanken, die du mir immer wieder gibst, um anderen etwas Gutes zu tun.

Dies alles ist nicht selbstverständlich!

Danke!

Allen Lesern danke ich für Ihre Zeit und Ihr Vertrauen.

Ich wünsche Ihnen den größten Nutzen daraus schöpfen zu können.

Mark Walter S.

Der Autor

Der Autor Mark Walter S. nimmt das Leben nicht zu schwer. 1967 in Stein am Kocher in Deutschland geboren, hat er auch schon einiges an Lebenserfahrung sammeln können. Schon als Kind und in der Jugend dürfte es ihm mit vier Geschwistern und dem elterlichen Betrieb nicht langweilig geworden sein und auch heute genießt er sein Familienleben in seiner Heimat. Wenn er nicht gerade mit dem Schreiben beschäftigt ist, dann gleicht er seinen Beruf als Vermögensberater mit seiner großen Liebe für das Fußballspielen aus. Zudem erweitert er auch gerne seinen Horizont auf Reisen um die Welt und lernt von anderen Menschen und Kulturen.